让开点儿

[英] 亚尼内·阿莫斯 / 著　　[英] 安娜贝尔·斯彭斯利 / 绘
[英] 雷切尔·安德伍德 / 幼教顾问　　贾洪宝 / 译

知识产权出版社
全国百佳图书出版单位

图书在版编目（CIP）数据

让开点儿 /（英）阿莫斯著；贾洪宝译 . —— 北京：知识产权出版社，2016.1

（我能管好自己）书名原文：Move over

ISBN 978-7-5130-3297-1

I. ①让… II. ①阿… ②贾… III. ①品德教育 — 儿童教育 — 家庭教育 IV. ① G78

中国版本图书馆 CIP 数据核字 (2015) 第 013514 号

First published in the United Kingdom by Cherrytree Books, 1999
Copyright©Evans Brothers Ltd.
This edition published under licence from Pila Books Limited.
This edition is only available for sale in Mainland China.

责任编辑：李 潇　　　　　　　　责任校对：谷 洋
装帧设计：于 静　　　　　　　　责任出版：刘译文

我能管好自己⑨
让开点儿
[英] 亚尼内·阿莫斯 著　　[英] 安娜贝尔·斯彭斯利 绘
[英] 雷切尔·安德伍德 幼教顾问
贾洪宝 译

出版发行：	知识产权出版社有限责任公司	网　　址：	http://www.ipph.cn
社　　址：	北京市海淀区马甸南村 1 号	邮　　编：	100088
责编电话：	010-82000860 转 8133	责编邮箱：	elixiao@sina.com
发行电话：	010-82000860 转 8101/8102	发行传真：	010-82000893/82005070/82000270
印　　刷：	北京中科印刷有限公司	经　　销：	各大网上书店、新华书店及相关专业书店
开　　本：	787mm × 1092mm　1/16	字　　数：	40 千字
版　　次：	2016 年 1 月第 1 版	印　　张：	2
ISBN 978-7-5130-3297-1		印　　次：	2016 年 1 月第 1 次印刷
京权图字：01-2015-0583		定　　价：	9.00 元

出版权专有　侵权必究
如有印装质量问题，本社负责调换。

帐篷

法里德钻进了帐篷。

莉莉走了过来。

像法里德一样,莉莉也钻进了帐篷。

这时,维克和凯里也走了过来……

他们都挤进了帐篷。

塞布走过来,嚷着:"我也要钻到帐篷里!"

虽然帐篷里的人喊着"别进来，太挤了"，但塞布还是硬挤进了帐篷。

"让开点儿!"维克抱怨着,"我都快被挤扁了!"

"我也要被挤扁了!"莉莉说,"这帐篷太小了。"

莉莉从帐篷的窗子爬了出来。

然后,她从旁边搬来两把椅子。

"我需要这条毯子。"她说,"帮帮忙,塞布,帮我把毯子抽出来。"

莉莉和塞布用毯子和椅子搭了一顶新帐篷。

太棒了,现在大家都可以待在帐篷里了。

噢,天哪,杰夫又过来了!这下子,帐篷又不够用了!再用什么来搭帐篷呢?

桌 子

桌子上堆满了盒子,杰米正在制作一个火箭模型。

"嘿,让开点儿!给我腾点儿地方。"内森说。

"嗡……嗡……"杰米照旧玩着,并没有理会内森。

"让开点儿!"内森一边喊,一边生气地把杰米用的盒子都推到了地上。

"你们两个看起来都很生气,发生了什么事?"史蒂夫老师问。

"内森把我的盒子推到了地上。"杰米气呼呼地回答。

"他占了整张桌子,不给我留一点儿地方。"内森解释道。

"你们都需要更大的地方。"史蒂夫老师说,"那该怎么办呢?"

"我有个好主意。"杰米想了想,说,"我可以把我的模型竖起来。"

杰米把他的模型竖了起来。

"看！我也有地方了！"内森笑了。

现在，杰米和内森都有地方做模型了。

  人们工作、学习和娱乐时都需要一定的空间,如果没有足够的空间,就会觉得拥挤,并可能为此而感到愤怒。
  如果你需要更大的空间,就看看四周,也许会想到好办法;当然,你也可以向其他人寻求帮助。